DROITS ET DEVOIRS

DU

CITOYEN,

PAR L. MARTIN,

PROFESSEUR AU LYCÉE DE GRENOBLE.

GRENOBLE

IMPRIMERIE DE PRUDHOMME, RUE LAFAYETTE, 14,

au 2e étage.

1848.

DROITS ET DEVOIRS

DU

CITOYEN.

Qu'entendez-vous par droit ?

On appelle droit en général la faculté que possède tout homme de penser, de parler, d'agir et d'émettre ses opinions, sauf à répondre de l'abus de ce droit dans les cas déterminés par la loi.

Qu'appelez-vous loi?

La loi est une règle qui ordonne ou défend de faire.

Y a-t-il plusieurs sortes de lois ?

On en distingue trois : la loi divine, la loi naturelle et la loi civile.

Qu'est-ce que la loi divine ?

C'est la loi qui nous vient de Dieu.

Qu'est-ce que la loi naturelle ?

On appelle loi naturelle la loi commune à tous

les temps, à tous les pays et à tous les hommes ; ainsi, la loi du juste et de l'injuste, etc.

Qu'est-ce que la loi civile ?

La loi civile est celle qui régit les hommes dans leurs rapports entre eux comme citoyens.

Qu'entendez-vous par citoyen ?

Le citoyen est celui qui, dans un état libre, a droit de suffrage dans les assemblées publiques et fait partie du souverain.

Tout Français est citoyen par droit de naissance ; il n'exerce ses droits de citoyen qu'à l'âge de 21 ans révolus.

La qualité de citoyen peut-elle se perdre ?

Oui, par la naturalisation en pays étranger ; par suite de condamnation à des peines afflictives ou infamantes ; par des arrêts portant renvoi devant des cours d'assises ; par des condamnations à des peines correctionnelles, lorsque le tribunal a ajouté à ces peines l'interdiction des droits de vote, d'être juré, témoin, etc. ; par des jugements qui ont prononcé, à titre de peine, la surveillance de la haute police ; par des jugements portant déclaration de faillite, non suivis de concordat.

La qualité de citoyen peut-elle se recouvrer ?

Oui, par la réhabilitation.

Faites connaître les principaux droits du citoyen ?

Les principaux droits du citoyen sont :

D'être électeur à 21 ans, éligible à 25 ans ; d'être

garde national, d'être juré ; d'être admissible aux emplois civils et militaires ; de publier et de faire imprimer ses opinions.

Quel est celui de ces droits qui nous occupe particulièrement dans ce jour ?

C'est le droit en vertu duquel le citoyen nomme les représentants du peuple. Le citoyen doit être, comme cela a été dit, âgé de 21 ans ; de plus, il doit être résidant dans la commune depuis six mois, et non judiciairement privé ou suspendu de l'exercice de ses droits civiques. A 25 ans, il est éligible, c'est-à-dire qu'il peut être appelé à représenter le peuple, avec la condition précitée qu'il n'aura été privé ni suspendu de l'exercice de ses droits civiques. Ainsi, l'élection règle tout.

Expliquez-nous ce mot élection ?

Le mot *élection*, dans son acception ordinaire, est le choix que certaines personnes réunies, et à qui la loi en a conféré le droit, font d'une ou de plusieurs personnes, soit pour remplir une fonction dont la nomination immédiate leur appartient collectivement, soit pour être présentées à l'autorité, qui est investie du droit de nommer à cette fonction sur une liste de candidats.

Combien de sortes d'électeurs a-t-on distingué jusqu'à ce jour ?

Les électeurs départementaux, pour nommer les

membres du conseil général et du conseil d'arron-
dissement;

Les électeurs communaux, pour nommer les
membres qui composent le conseil municipal, et
parmi lesquels l'autorité supérieure choisit le maire;

Les notables commerçants, pour élire les juges
des tribunaux de commerce;

Les gardes nationaux, pour nommer leurs chefs.

*Expliquerez-vous les lois qui règlent toutes ces élec-
tions?*

Ces lois ne peuvent être expliquées aujourd'hui;
elles sont toutes entachées de quelque vice. Il est
nécessaire de les modifier. Elles ne sont plus de
notre époque, qui n'est pas, comme la dernière,
une époque de corruption. Les représentants du
peuple auront mission de les refaire.

Qu'entendez-vous par représentant du peuple?

Le représentant du peuple est le citoyen qui a
reçu le mandat de défendre les intérêts de la France.

*Quel est le nombre total des représentants du
peuple?*

Le nombre total est de 900; 885 pour la France,
15 pour l'Algérie et les colonies.

*Comment ont lieu les élections des représentants du
peuple?*

Par le suffrage direct et universel. Les électeurs
déposent leur vote au chef-lieu de canton; chaque

bulletin doit contenir autant de noms qu'il y a de représentants à élire dans le département.

Où se font le dépouillement et le recensement des suffrages ?

Le dépouillement des suffrages se fait au chef-lieu du canton, et le recensement au chef-lieu du département.

Combien de suffrages faut-il réunir pour être élu ?

Il faut en réunir au moins deux mille.

Le représentant du peuple reçoit-il quelque indemnité ?

Il reçoit une indemnité de vingt-cinq francs par jour pendant la durée de la session, ce qui n'avait pas lieu antérieurement.

Dans quel but cette indemnité est-elle allouée au représentant du peuple ?

Afin que tout citoyen puisse être membre de l'assemblée nationale, sans distinction de fortune, et avec une entière indépendance, à l'abri de toute influence qui tendrait à la corruption.

Mais ne faut-il pas un grand talent pour faire partie de l'assemblée nationale ?

Le talent n'est certainement pas inutile ; mais ce qu'il importe de montrer par-dessus tout, c'est du bon sens et de l'honnêteté. La plupart des représentants seront comme les jurés en cour d'assises. Les jurés répondent *oui* ou *non* ; leur bon sens et leur honnêteté font qu'ils ne se trompent point. De même à l'assemblée nationale ; les représentants proposeront et discuteront un avis, et les autres l'approuveront ou le rejetteront. Ils ne peuvent pas tous être orateurs.

Ne semble-t-il pas que s'ils étaient tous aptes à parler, les questions seraient mieux approfondies ?

Cela ne saurait être ; les longs discours obscurcissent souvent ce qu'il y a de plus clair. Et d'ailleurs, à part quelques rares exceptions, il n'y a d'orateurs que dans la classe aisée de la société. Pour devenir orateur, il faut de longues études, et ces études ne peuvent être entreprises sans de grands sacrifices d'argent. On ne trouvera donc que bien peu, bien peu d'orateurs parmi les ouvriers. Or, il est nécessaire, ainsi le veut le droit, que l'ouvrier soit représenté comme tous les autres citoyens, et, pour être vraiment représenté, il doit envoyer des siens.

Cette vérité a été comprise ; la République l'a reconnue.

Et qu'est-ce que la République ?

La République est la forme actuelle de notre gouvernement, ayant pour devise ces trois mots qui sont le résumé des lois divines et humaines : *Liberté! Égalité! Fraternité!*

Définissez la liberté.

La liberté, c'est l'exercice de toutes les facultés

que nous tenons de la nature, gouvernées par la raison.

Définissez la fraternité.

La fraternité, c'est la loi de l'amour unissant les hommes, et de tous, faisant les membres d'une même famille.

Montrez l'excellence du gouvernement Républicain.

La République est un grand gouvernement, expression de la volonté du peuple. C'est le gouvernement qui proclame les droits de chaque citoyen, sans égard au rang, aux titres, à la fortune. Elle seule pouvait dire : pour être représentant du peuple, il ne faut que bon sens et honnêteté.

Avant la République, les droits de l'homme étaient-ils méconnus ?

Toujours. Ainsi, pour être représentant, il fallait réunir des conditions de rang et de fortune qui éloignaient l'ouvrier à tout jamais. Sous la monarchie, c'était l'inégalité; sous la République, c'est l'égalité. Tout citoyen jouit de ses droits.

N'y a-t-il pas eu déjà un gouvernement pareil en France ?

Oui, en 1792; mais, à cette époque, les peuples n'étaient pas assez mûrs pour ce gouvernement. Le drapeau tricolore n'avait pas encore fait le tour du monde. Les citoyens comprenaient peu leurs droits. La liberté devint licence. En 1848, au contraire, le calme a succédé à la tempête. Tous les citoyens se sont rangés d'eux-mêmes, et fraternellement, sous le niveau de l'égalité.

Définissez l'égalité.

L'égalité est l'état de la société dans lequel tous les hommes sont égaux, parce qu'il n'y a plus de priviléges ; en d'autres termes, c'est la participation de tous les citoyens aux avantages sociaux, sans d'autres distinctions que celles de la vertu et du talent.

Si les hommes sont égaux, posséderont-ils également ?

L'égalité des biens n'est pas possible. Celui qui a plus que son voisin, parce qu'il a été plus laborieux et plus sobre, ne doit pas être dépossédé. La propriété est un droit sacré, un des plus fermes soutiens de la République.

L'inégalité ne commence-t-elle pas avec la propriété ?

Elle commence là, il est vrai, mais en apparence. Il faut remarquer qu'un homme n'est pas coupable de travailler avec plus d'activité que son semblable, et de vivre à moins de frais, pour léguer à sa famille le fruit de ses peines et de ses labeurs. S'il en était autrement, il faudrait faire la guerre au travail.

Mais tout citoyen travaille-t-il ?

Hélas ! Beaucoup auraient voulu travailler ; beaucoup ont cruellement souffert, faute de travail.

Un gouvernement ne doit-il pas procurer du travail au citoyen?

Le citoyen a droit au travail. Les gouvernements passés n'ont pas su comprendre ce droit. C'étaient des gouvernements dont la corruption était l'âme. Une minorité cupide s'emparait de tout ; la majorité, c'est-à-dire la nation, n'avait rien. Voilà pourquoi ils sont tombés.

La République n'agit donc pas comme eux ?

Non. La République fera ce qu'ils ont constamment refusé ; et déjà le gouvernement républicain s'occupe d'organiser le travail. En attendant, les communes fondent des ateliers municipaux. Le droit au travail est partout consacré.

Etablissez le droit au travail.

Une société, un Etat, est une association. Les citoyens se partagent le travail général, l'œuvre commune. Les citoyens sont frères; la simple raison ordonne donc d'assurer à chacun la nourriture, le logement et le vêtement, sauf à employer les forces de chacun au bien-être général : *tout pour tous et par tous.*

Revenez une dernière fois á la question de la propriété.

Respect inviolable à la propriété. Le travail produit la propriété; la propriété produit la richesse. Droit au travail, droit à la richesse. Sans propriété, désordre, guerre, pillage, barbarie, esclavage et misère.

Organisation du travail, source de propriété et de
richesse pour les travailleurs. *Salut de la Société.*

Quel est le principe de la société ?

L'amour mutuel des hommes, ou la fraternité.
C'est le contraire de l'amour de soi , de l'égoïsme.

L'amour mutuel est-il un grand bien ?

Il assure l'existence de tous. Il adoucit les maux
et multiplie les ressources ; il fait jouir l'homme
des fruits de son travail.

D'où viennent les maux des sociétés ?

Les maux des sociétés viennent de la cupidité et
de l'ignorance; les hommes ne cesseront d'être
tourmentés, qu'ils ne soient éclairés et sages. Alors
le peuple sera instruit de ses droits, et les chefs
seront forcés de remplir leur devoir.

Comment les hommes seront-ils heureux ?

En liant leur bonheur au bonheur de la société;
en vivant unis, car l'union est le grand principe
des forces.

En faisant disparaître toute classe de privilégiés
qui ne se croient pas faits pour travailler , mais
pour s'engraisser des sueurs et de la vie du peuple.

En chassant les courtisans de la fortune qui établissent partout le règne de l'oppression.

Mais le peuple est-il assez éclairé pour se créer les éléments de bonheur?

Les ennemis du peuple ont dit bien souvent : Il faut enchaîner le peuple. Le peuple est grossier ; le peuple est insensé ; le peuple est aveugle. — Eh bien, qu'est-il arrivé en 1830 ? qu'est-il arrivé en 1848 ? Le peuple souverain a donné l'exemple de la clémence après la victoire. Il a chassé ses tyrans, mais sans leur faire aucun mal. Le peuple ne voulait que ses droits. Plus éclairé, meilleur que ses cruels oppresseurs, il n'a pas abusé de sa force ; il a oublié tous ses ressentiments, heureux d'avoir reconquis la liberté ; *car la liberté n'est que la justice.*

Le peuple saura-t-il conserver ses conquêtes?

L'anarchie n'est plus possible en France. Tous les citoyens n'ont qu'une pensée : fonder une République sage, forte, généreuse. Ils sauront établir des règles certaines de leurs droits.

Mais comment le peuple pourra-t-il s'occuper des questions difficiles qui l'intéressent?

Le peuple a besoin de travailler chaque jour pour vivre ; d'accord. Mais il n'est pas nécessaire que chacun se livre aux études qui doivent assurer le bonheur commun. Il faut que les citoyens choisissent parmi eux les plus dignes et les plus honnêtes ; qu'ils les choisissent nombreux et semblables à eux-mêmes.

Ces hommes élus par leurs frères proclameront et feront respecter les vraies lois de la morale et de la raison ; ils seront avertis que le pouvoir qui leur est donné leur est confié en dépôt, non en propriété ni en héritage, et que nul droit ne leur sera acquis que celui de l'estime et de la reconnaissance. Ces représentants diront à la face du monde : Tous les hommes ont les mêmes besoins ; ceux qui en ont de particuliers doivent les sacrifier ; ayant les mêmes besoins, ils doivent avoir les mêmes droits. Leur drapeau sera le même, le drapeau des trois couleurs. La justice de la République deviendra l'effroi des tyrans.

Résumez les avantages que trouvera le peuple.

A la suite de la liberté, de l'égalité et de la fraternité, viendront la tempérance, le courage, la justice, le travail, l'économie, comme les éléments du bonheur commun.

Les citoyens doivent donc des actions de grâces au Gouvernement provisoire ?

De très-grandes. Le Gouvernement provisoire a délivré la France du despotisme et de l'aristocratie ; il a proclamé l'égalité de tous les hommes, la liberté des consciences, la liberté de la presse, le droit inviolable de la propriété, et la souveraineté du peuple.

Quel est le devoir actuel imposé aux citoyens ?

Au moment où le peuple va se constituer en société nouvelle, un grand devoir lui est imposé. Il doit le remplir au jour des élections. Personne ne doit manquer dans ce grand jour à l'appel national; celui qui serait absent déclarerait par-là qu'il est indigne du titre de citoyen.

En se rendant à l'assemblée pour remettre son vote, il doit être animé d'un seul amour, de l'amour de la patrie. Il doit sacrifier à l'intérêt général tout intérêt personnel. Voter est l'acte le plus saint et le plus grand dans la vie du citoyen. Si l'électeur ne se croit pas suffisamment éclairé, c'est un devoir pour lui de s'adresser à un de ces hommes graves, réfléchis et consciencieux ; à un de ces purs républicains dont le nom est dans toutes les bouches, et dont la probité politique n'a jamais été en défaut. C'est encore un devoir pour lui de ne pas écouter la voix de certaines factions qui voudraient égarer les votes, afin de retarder, d'empêcher peut-être la marche de la République. Parmi les hommes qui aspirent à l'honneur de représenter la France, il faut écarter ceux qui n'ont pas donné de gages réels à la République. Si le citoyen remplit tous ces devoirs, le bonheur de la France est assuré. La Constituante, c'est-à-dire, la première assemblée du monde, le corps solennel des législateurs, fera d'excellentes lois. La production, l'emploi des richesses, le travail, le capital, l'impôt, le commerce à l'intérieur et à l'extérieur, tout sera réglé avec une profonde sagesse, tout se fera en vue du bien de la patrie et de la République.

Citoyens! le 23 avril est le grand jour où le Christ triompha de la mort : il abattit les priviléges; il donna au monde la liberté, l'égalité et la fraternité. Inspirez-vous, en votant, de ce grand jour. Que le Christ soit au milieu de vos consciences, et vous, ses enfants, vous triompherez de la mort comme lui. Vous deviendrez heureux par le bonheur même de la République, que vous aurez fondée par un vote pur et vraiment républicain.